AF240175

NON PUBLIÉ.

COMPAGNIE

DES

COLONS DE LA GUYANE FRANÇAISE

PIÈCES DIVERSES

PREMIÈRE SÉRIE. — N° 6.

AVRIL 1844.

L¹² K 809

IMPRIMERIE DE C.-H. LAMBERT, RUE BASSE-DU-REMPART, 24.

PIÈCE N° 6.

OPÉRATIONS PRÉLIMINAIRES.

A SON EXCELLENCE

LE MINISTRE SECRÉTAIRE D'ÉTAT AU DÉPARTEMENT
DE LA MARINE ET DES COLONIES.

MONSIEUR LE MINISTRE,

Le Mémoire que nous avons eu l'honneur de remettre à Votre Excellence, le 10 janvier de cette année, exprimait la pensée que, dans le cas où les propositions qui y sont énoncées seraient prises en considération, il y aurait nécessité d'aviser au moyen d'opérer l'évaluation contradictoire et préalable des propriétés destinées à former l'apport des colons dans la Compagnie.

Dans une conférence qui a eu lieu ces jours derniers, M. le Directeur des colonies nous a fait pressentir que le Gouvernement élèverait quelque objection quant à l'opportunité d'une évaluation préalable et contradictoire, et quant à la participation directe de l'État à une opération de ce genre, aussi longtemps du moins que les colons n'auraient pas donné, par la nomination de mandataires spéciaux, un gage de leur adhésion aux propositions qui font l'objet de notre Mémoire.

Les scrupules exprimés par M. le Directeur des colonies nous ont paru inspirés principalement par les considérations suivantes :

1° L'intervention de l'État dans l'évaluation des propriétés donnant à cette opération le caractère d'un acte officiel, il y aurait lieu de craindre qu'elle ne jetât le trouble et l'incertitude dans l'esprit des colons, ou bien qu'elle ne fît naître des espérances exagérées;

2° Il n'existe aucune base établie d'après laquelle il soit possible d'obtenir une évaluation équitable de la propriété coloniale. La propriété coloniale est aujourd'hui à peu près sans valeur fixe. Dans le cas où l'évaluation préalable aurait lieu, il faudrait au moins s'entendre d'abord sur une base d'évaluation, et donner des instructions en conséquence aux personnes chargées de cette évaluation;

3° La participation du Gouvernement à une estimation préalable des propriétés constituerait, de sa part, un engagement prématuré dans une entreprise au sujet de laquelle il ne connaît encore suffisamment ni le sentiment ni les dispositions de la colonie;

4° Enfin, cette évaluation, avec quelque prudence qu'elle eût été faite, ne présenterait pas, soit au Département des Finances, soit aux Chambres législatives, toutes les garanties nécessaires pour être admise, comme base certaine, au moment où il s'agirait de préparer le projet de loi constitutif de la Compagnie, et, par conséquent, d'établir le chiffre sur lequel devra porter une garantie d'intérêt. — Désirant néanmoins éviter le délai qu'entraînerait une évaluation contradictoire exécutée à la suite d'une première évaluation à l'amiable qui se ferait immédiatement à la Guyane, le

Gouvernement serait disposé à penser que l'Administration pourrait procéder, pour la loi constitutive de la Compagnie, comme elle procède pour les lois des Chemins de fer. — Lorsqu'il s'agit d'une loi de Chemin de fer, l'évaluation des terrains dont il faut opérer l'expropriation, ainsi que le recours à un jury, sont les premières conséquences de la promulgation de la loi, et ne la précèdent jamais. La loi constitutive de la Compagnie est promulguée et l'expropriation est ordonnée, sans même qu'il soit fixé un chiffre général représentant la somme des propriétés à acquérir par voie d'évaluation légale. Le propriétaire, quelles que soient ses prétentions, est obligé d'en passer par la décision du jury.

A la manière dont les préliminaires de leur opération se présenteraient désormais, les soussignés devraient donc :

1° Se rendre à la Guyane avec une recommandation du Département de la Marine et des Colonies ;

2° S'entendre avec leurs compatriotes sur le mandat que ceux-ci auraient à leur donner près du Gouvernement de la Métropole, à l'occasion des propositions faites par les soussignés ;

3° Déterminer les colons fondateurs de la Compagnie à faire eux-mêmes, de gré à gré entre eux, une estimation provisoire de leurs propriétés, afin de revenir ensuite apporter cette évaluation au contrôle de l'État et des Chambres.

Les soussignés sont touchés de la bienveillance dont ils ont déjà reçu les preuves de la part de Votre Excellence, ainsi que des agents de son Administration. Ils sont profondément convaincus que le Gouvernement du Roi, et le Département de la Marine en particulier, accueillent avec empressement la pensée qui a pour but d'associer à la réforme ceux de qui l'on pourrait appréhender une résistance obstinée. Ils sont désireux, par conséquent, de faire tout ce qui est en leur pouvoir pour éviter les difficultés, les complications, les retards dont ils ont eux-mêmes beaucoup à souffrir. Mais il leur est imposé de ne pas méconnaître les premiè-res conditions de succès de l'œuvre difficile qu'ils ont osé entreprendre, et, à ce titre, ils se voient, à grand regrêt, contraints de déclarer à Votre Excellence que leur but serait manqué entièrement, s'ils arrivaient à la Guyane pour s'efforcer d'engager leurs compatriotes dans une affaire où il n'y aurait pour ceux-ci que de l'inconnu, et où ils n'auraient même pas la première satisfaction de savoir à qui serait confiée l'évaluation de leurs propriétés, demandées comme apport.

Les soussignés ne se sont jamais dissimulé que l'évaluation équitable des propriétés, ou plutôt la conquête des esprits, soit au principe, soit aux résultats de tel ou tel mode d'évaluation, est la principale difficulté de leur opération, et qu'ils la trouveront, cette difficulté, au départ de France pour la Guyane, comme au retour de la Guyane en France, tantôt dans leurs relations avec leurs compatriotes, tantôt dans leurs relations avec l'État, tantôt dans leurs relations avec les financiers de la Métropole. Et c'est pour cela précisément que cette difficulté ne doit pas être éludée, la première fois qu'elle se présente et surtout au point de départ.

En conséquence, les soussignés croient devoir déclarer à Votre Excellence (sauf à exposer plus bas comment ils entendent que l'on pourrait, sans rencontrer aucun des obstacles qui sembleraient à redouter, effectuer cette évaluation préalable), qu'il leur est absolument impossible d'entreprendre le voyage à la Guyane à moins qu'il ne soit pris d'avance des mesures efficaces pour une évaluation contradictoire des propriétés, tout au moins entre les colons et les agents du Département de la Marine.

Qu'il leur soit permis, Monsieur le Ministre, d'exposer aussi succintement que possible à Votre Excellence les motifs de cette détermination.

PREMIER POINT.

1° L'intervention de l'État dans l'évaluation des propriétés donnant à cette opération le caractère d'un acte officiel, il y aurait lieu de craindre

Opérations préliminaires.

qu'elle ne jetât le trouble et l'incertitude dans l'esprit des colons, ou bien qu'elle ne fît naître des espérances exagérées.

Le premier de tous les motifs à produire par les soussignés, est qu'ils ne peuvent pas commencer une opération où toutes les responsabilités sont aussi graves, avec la conscience de voir échouer la première démarche. Que viendraient-ils proposer à leurs compatriotes? De prendre part à une association où leur apport consisterait en leurs propriétés : esclaves, terres et usines, et dont le but serait de changer radicalement le mode d'exploitation usité, en substituant au travail forcé le travail volontaire. Il est évident que les habitants de la Guyane commenceront par s'alarmer d'un changement aussi considérable dans le mode d'exploitation, et qu'aux porteurs de pareilles propositions ils ne manqueront pas de dire : « Puisqu'il s'agit d'un tel changement et d'une telle asso- » ciation, où sont nos garanties? Avec qui êtes-vous? Par qui, et » sur quelles bases sera estimé notre apport? »

Nous nous garderons bien de leur répondre que les colons doivent eux-mêmes, et par voie de contrôle réciproque, procéder spontanément à l'évaluation de leurs propriétés. Ce n'est pas que ce contrôle réciproque de l'évaluation des apports soit en lui-même impossible ou défectueux. Nous l'admettons, au contraire, comme une très-valable garantie, une fois que les habitants seront décidés à s'associer. Mais cette garantie réciproque, en l'absence d'un intérêt contradictoire et d'un pouvoir modérateur, pourrait fort bien se résoudre en une exagération générale et à profit commun, de toutes les valeurs soumises à l'estimation. D'ailleurs, toute la question, en ce moment, est de décider les planteurs à l'association, et par l'association, à la libération de leurs esclaves. Or, pour obtenir un résultat si important et si nouveau, il ne faut pas moins qu'un fait éclatant. Il faut que cette affaire se présente accompagnée de circonstances graves, capables de dominer les esprits et de les rallier par le sentiment d'une œuvre de salut commun, accomplie avec le seul appui de qui elle puisse emprunter quelque consistance.

tant qu'il s'agit de propositions de réformes ou d'affaires,

BIBLIOTHEQUE ROYALE

de questions politiques posées, et même de projets de loi élaborés, il n'est plus rien aujourd'hui qui puisse augmenter les alarmes des colons engagés dans l'ancien système. — Et, sous ce rapport, notre Proposition, même pour ceux qui la jugeraient le plus défavorablement, ne peut apparaître que comme un palliatif des alarmes déjà produites. Serait-ce même en matière d'évaluation, les alarmes existeraient déjà pour la Guyane, car le Gouvernement possède trois évaluations contradictoires dont le chiffre va en décroissant : celle de 1837 qui porte l'ensemble des terres, usines et esclaves à 36 millions ; celle de 1840 où ce chiffre est porté à 33 millions ; une autre de 1842, insérée au Rapport de M. Itier, inspecteur des douanes, dont le chiffre est encore plus bas. Les évaluations de 1837 et de 1840 sont publiées dans la Statistique Officielle. L'évaluation de M. Itier sera publiée prochainement. Publiée ou non, elle subsiste comme document officiel. Ainsi, au moment où une proposition sur la Guyane se présente, au moment où d'autres affaires peuvent survenir, on se trouve réduit, pour tout recours, à des documents que la Statistique Officielle n'a donnés elle-même que comme simples renseignements, ou bien à un travail individuel dont le caractère dépréciatif est évident. — La nécessité, pour le Gouvernement comme pour les colons, d'obtenir désormais une évaluation régulière, appuyée de documents dûment vérifiés et motivés, serait donc établie par ce seul fait, lors même qu'il n'y aurait pas lieu pour nous de la demander dans un but spécial.

D'autre part, ce n'est pas dans une situation comme celle où se trouvent aujourd'hui tous les colons, — et ceux de la Guyane ont un triste privilége à cet égard, — que l'on se laisse aller aux exagérations. Ces exagérations trouveraient, en tous cas, leur contre-poids naturel dans les divers éléments du jury ; et si déjà nos compatriotes n'étaient pas suffisamment avertis, nous ne manquerions pas de les éclairer sur les dispositions des hommes d'affaires de la Métropole, en opérations coloniales, dispositions telles que le maximum qu'il soit possible d'espérer aujourd'hui, c'est la stricte justice. — Rien ne serait plus favorable aux exagérations qu'une évaluation entre co-intéressés, placés dans une position

Opérations préliminaires.

idcntique et en vue d'une opération qui, dès lors, perdrait une partie du caractère d'utilité publique qu'elle acquiert, de prime abord, par l'intervention du Département de la Marine. — A un premier travail exécuté sous l'impression ardente de l'esprit d'entreprise, devrait donc succéder le travail sévère du contrôle. On commencerait par l'espérance exagérée; on finirait par la déception.

DEUXIÈME POINT.

Il n'existe aucune base établie d'après laquelle il soit possible d'obtenir une évaluation équitable de la propriété coloniale. La propriété coloniale est aujourd'hui à peu près sans valeur fixe. — Dans le cas où l'évaluation préalable aurait lieu, il faudrait au moins s'entendre d'abord sur une base d'évaluation, et donner des instructions en conséquence aux personnes chargées de cette évaluation.

Nous ne saurions admettre qu'il n'existe, en l'état, aucune base d'évaluation. Si ces bases n'existaient pas, comment aurait-on pu préjuger purement et simplement l'évaluation, et la publier telle quelle! Et, même dans le cas où elles n'existeraient pas, le moment serait venu de les rechercher et de les établir ; car, si l'accord ne se produit pas sur ce point, il ne se produira sur aucun autre.

Mais ces bases existent à la Guyane, comme en France même. — N'avons-nous pas les ventes de gré à gré, passées devant notaires, à prix régulièrement débattu entre l'acheteur et le vendeur? — N'avons-nous pas les baux à ferme authentiques, dans lesquels il est bien évident que les intérêts du bailleur et du preneur se contrôlent l'un par l'autre. — Ne retrouvons-nous pas encore ce contrôle réciproque entre l'État et ses fermiers, lorsqu'il s'agit du fermage des habitations domaniales? entre co-héritiers, lorsqu'il s'agit du partage d'une succession ?

Lors de l'établissement d'une loi électorale à la Guyane, sous le gouvernement de **M. Jubelin**, des évaluations ont été faites pour fixer le cens électoral. Ces évaluations ont leur autorité comme indication, et quant au capital, et quant au revenu.

Pièce nᵒ 6.

Un seul acte judiciaire nous paraît devoir être écarté comme élément équitable d'évaluation : c'est la vente aux enchères. — Toutes ces ventes sont désastreuses pour la partie contre laquelle l'adjudication a lieu, par la raison toute simple qu'il n'y a pas multiplicité d'acquéreurs et, par conséquent, pas d'enchérisseurs. Ce fait ne provient pas du plus ou moins de valeur intrinsèque et réelle de la propriété ; il tient à la constitution même des colonies, où le capital n'a aucun des moyens de reproduction et d'accumulation qui donnent, en Europe, une valeur si élevée aux propriétés foncières (Voir la pièce nᵒ 4 sur le système financier de la Compagnie des Colons). — Il ne serait pas juste qu'un tel fait tournât au détriment des colons. — C'est en ce sens que tous les documents étayés de chiffres pris à cette source sont non-seulement vicieux par la base, mais entachés, en quelque sorte, d'un caractère de spoliation morale.

En matière de propriété coloniale, il y a une observation essentielle qui doit servir de principe à toute évaluation : la propriété coloniale n'a pas de valeur vénale *courante*, parce que les transactions sont rares. C'est une conséquence de l'organisation économique de la société ; c'est un malheur, si l'on veut, et un malheur dont la réparation est dans la combinaison que nous indiquons ; mais cela n'empêche pas que la propriété coloniale ait sa valeur vénale *intrinsèque*.

N'y eût-il que deux, trois ou quatre transactions régulières sur une propriété, la valeur vénale intrinsèque de cette propriété est déterminée par la moyenne de ces deux, trois ou quatre transactions. N'y eût-il que deux, trois ou quatre récoltes produites par une plantation et vendues sur les marchés ordinaires où le pays écoule ses produits, la valeur de cette propriété, en revenu, est déterminée par la moyenne du prix de vente des récoltes. — Si le prix de vente de certaines denrées, telles que le rocou, par exemple, varie beaucoup à la Guyane, ces variations existent aussi en France pour le prix de certains produits, par exemple, les vins et les esprits. Cela n'empêche pas que les propriétés vignobles ont une valeur en capital. Seulement cette valeur s'établit en tenant compte de la mobilité des prix. Que les prix d'une denrée soient mobiles, le résultat n'est ni plus ni moins défavorable, dès qu'il s'agit d'une moyenne prise sur une période assez longue.

Ainsi, les propriétés coloniales ont les mêmes bases d'évaluation que les propriétés de la Métropole.

Ces bases sont, aux colonies comme en France :

Pour le capital, les ventes de gré à gré passées devant notaires ; — les actes authentiques de partage après décès.

Pour le revenu, les baux à ferme passés entre particuliers ; — les baux à ferme passés entre l'Administration et les particuliers; — la quantité et le prix de vente des récoltes.

Aux colonies, le résultat de ces bases d'évaluation est moins constaté, moins connu comme *prix-courant*; mais ce résultat n'en existe pas moins déjà et se produira facilement pour les propriétés sur lesquelles il ne serait pas établi par des transactions antérieures, convenablement attestées et constatées.

Supposons que la période des dix dernières années soit acceptée, de part et d'autre, comme base chronologique d'évaluation; la moyenne de chacune de ces données, pour dix ans, donnera la valeur en *capital* et la valeur en *revenu* de chaque propriété.

Lorsqu'une propriété ne réunira pas les conditions normales de l'évaluation, c'est-à-dire, lorsque, pendant la période de dix années, elle n'aura passé ni par vente ni par partage, ou que ses récoltes ne pourront pas être constatées régulièrement, soit sur ses propres livres, soit sur les livres des négociants qui auraient fait la commission de cette propriété pendant cette période, elle sera évaluée d'après les bases établies pour les propriétés de même nature. On dira, par exemple, telle propriété en rocou, ayant un atelier de vingt esclaves et vingt carrés cultivés, a produit, en moyenne, une telle quantité ; elle a produit, en moyenne, un tel revenu. Telle autre propriété, ayant tant d'esclaves de moins ou de plus, tant de carrés cultivés de moins ou de plus, vaut en proportion.

En capital, les noirs sont là : on les évalue sur place. Les usines sont là, et aussi les terres cultivées, les bâtiments, etc., etc.

Pour que les évaluations ne fussent pas possibles et même

faciles, il faudrait qu'il n'y eût pas, à la Guyane, une seule propriété de chaque espèce qui eût été plusieurs fois soumise à vente ou partage pendant ces dix dernières années, pas une seule dont les comptes eussent été régulièrement tenus, soit par les propriétaires, soit par les commissionnaires.

Outre les garanties que peut présenter le choix des personnes de part et d'autre, et, disons-le franchement, ce sont les seules garanties qui répondent à tout, — voilà des garanties de *forme* qui, selon nous, doivent paraître satisfaisantes.

Les garanties de *fond* le sont encore davantage, et ont ce caractère particulier d'être assez défavorales à l'intérêt colonial pour faire disparaître toute crainte d'avantages exagérés.

Si l'on prend pour base chronologique les dix dernières années, c'est la période où les colonies ont eu le plus à souffrir — de la baisse des sucres coloniaux, résultant soit de la concurrence du sucre de betteraves, soit de la concurrence des sucres exotiquesou étrangers ; — de la baisse des cotons, résultant de la concurrence des États-Unis et du Brésil ; — de la baisse de la denrée qui est spéciale àla Guyane, le rocou ; baisse résultant de ce que la production en a été exagérée.

Reste maintenant la proportion entre le *revenu* et le *capital*. Il est évident que cette proportion est inverse dans les colonies et dans la Métropole. Dans les métropoles européennes, la proportion du revenu au capital s'est abaissée jusqu'à 1 1/2 p. 0/0, c'est-à-dire que l'on n'obtient, dans certaines parties de la Flandre, que 1,500 fr. de rente pour un capital de 100,000 fr. Dans les colonies, on obtient depuis 8 jusqu'à 12 p. 0/0, c'est-à-dire 8 et 12 mille francs de rente pour une propriété de 100,000 fr.

On constatera cette énorme différence entre le revenu et le capital, dès la première évaluation pratique à la Guyane. Or, sur quelle partie de notre propriété faisons-nous porter la minime garantie de 4 p. 0/0 demandée à l'État ? Sur celle dont la valeur est supérieure à la propriété européenne dans les proportions de 8 et 12 au chiffre 4.

A ce compte, pour que le chiffre de la garantie demandée à l'État pût devenir exagéré au fond, il faudrait que l'évaluation en capital fût exagérée du double au moins, et même du triple.

La plus forte valeur des propriétés coloniales, leur seule valeur courante aujourd'hui, le REVENU, se trouve donc réduite, quant à ce qui concerne les difficultés pouvant porter sur l'évaluation, à la commune mesure européenne ; et la propriété en capital, évaluée telle quelle, subit nécessairement, pour le cas où il s'agira de la réaliser par vente du titre , un déchet équivalent à 1 p. 0/0 sur le revenu de 4 p. 0/0, et, par conséquent, 25 p. 0/0 ou le quart sur le capital.

En acceptant les conséquences de l'évaluation d'après les communes mesures de la Métropole, les colons consentent donc à un sacrifice d'au moins un quart de leur capital, valeur coloniale, et d'au moins le double de leur revenu, valeur coloniale.

Lorsque la position de *fond* est aussi forte et peut offrir de tels gages aux financiers les plus positifs et aux hommes d'État les plus circonspects , les *formes* de l'évaluation ne sont plus qu'un accessoire, soit pour le Gouvernement, soit pour les Chambres. Ces *formes juridiques* n'ont de véritable valeur que pour le colon. Car, si l'État ne risque, pour ainsi dire pas, de trop payer, le colon risque beaucoup quant à la réduction de son capital, dans le cas possible où il voudrait en disposer immédiatement, et dans le cas très-certain où il sera obligé de s'en dessaisir pour payer ses créanciers.

Si le colon court d'aussi grands risques, dira-t-on peut-être, pourquoi donc allez-vous au-devant de ces risques ? D'abord, répondrons-nous, pour éviter les risques plus graves que nous courons d'autre part ; et enfin, sous le rapport financier, parce que nous avons un intérêt très-réel soit à mettre hors de question une partie de notre capital, soit à rendre disponible quelque portion d'une propriété que l'on ne peut aujourd'hui réaliser ni partiellement ni en totalité, à des conditions tant soit peu équitables.

Oui, sans doute, le mode d'émancipation dont nous proposons l'expérience est favorable, par ce côté, aux intérêts du maître. Mais n'est-ce pas là le signe certain de sa supériorité sur tous les autres modes indiqués jusqu'ici. N'est-ce pas pour cette raison même, que la question d'émancipation trouve, dans cette combinaison, un levier d'exécution pratique, et qu'elle revêt entièrement le caractère conservateur que les travaux de la Commission Coloniale lui ont donné dans l'ordre politique? Les améliorations profitables aux intérêts du maître sont la clef des améliorations profitables aux intérêts de l'autre partie. Chaque pas qui sera fait dans la voie de la réforme coloniale, sera la confirmation de nos principes à cet égard.

TROISIÈME POINT.

La participation du Gouvernement à une estimation préalable des propriétés constituerait, de sa part, un engagement prématuré dans une entreprise au sujet de laquelle il ne connaît encore suffisamment ni le sentiment ni les dispositions de la colonie.

En demandant une évaluation préalable, nous pensions que le Gouvernement la considérerait comme une mesure de précaution pour lui-même, et non comme un cas de responsabilité. Lors même que le Gouvernement agirait comme acheteur ou comme représentant de l'acheteur, il ne ferait, en essayant de se rendre compte du quantum des valeurs offertes, que se mettre en mesure d'engager le débat sur le prix à payer et sur le mode de paiement. A plus forte raison, si, comme ce serait le cas à propos de notre opération, le Gouvernement agit comme médiateur entre deux parties, et à la fois comme tuteur des intérêts privés, et gardien responsable des intérêts publics, il est tout naturel que le Gouvernement veuille obtenir, même avant de commencer la négociation, un inventaire authentique des propriétés qui font l'objet de la responsabilité qu'on lui demande d'encourir. L'évaluation n'impliquerait en rien le contrat. L'évaluation impliquerait seulement que la prise en considération de notre proposition est assez sérieuse de la part du Gouvernement, pour devenir l'occasion d'un acte administratif d'une certaine importance, et d'un témoignage irrécusable de son bon vouloir, accordé à une colonie qui donnerait elle-même la preuve d'une grande soumission aux vœux de sa Métropole.

Opérations préliminaires.

QUATRIÈME POINT.

Cette évaluation, avec quelque prudence qu'elle eût été faite, ne présenteraitpas, soit aux Chambres législatives, soit au Département des Finances, toutes les garanties nécessaires pour être admise comme base certaine, au moment où il s'agirait de préparer le projet de loi constitutif de la Compagnie, etc., etc.

Nous croyons avoir démontré, à propos de la deuxième question, que le mode d'évaluation ayant pour base, en *capital*, la moyenne des transactions, et, en *revenu*, la moyenne des produits pendant le terme de dix années, serait facile à mettre en pratique, et que ce mode d'évaluation présenterait à la fois au Gouvernement et aux Chambres des garanties suffisantes, soit de fond, soit de forme. — Il faut bien reconnaître que, dans la situation réciproque où la Métropole et les Colonies se trouvent actuellement, il y a deux difficultés à vaincre : celle de faire accepter dans la colonie une évaluation qui serait faite dans la Métropole ; celle de faire accepter, dans la Métropole, une évaluation qui serait faite dans la colonie. Ces deux difficultés ne comportant pas une seule et même solution, il vaut mieux commencer par résoudre la première.

Nous prendrons la liberté de faire remarquer qu'il n'y a aucune analogie entre les évaluations légales et forcées de propriétés, qui sont la conséquence du vote des lois de Chemins de fer et de Travaux Publics, et l'évaluation amiable qui devra précéder l'association des colons et servir de règle au concours que l'État voudra bien leur accorder. — Les Chemins de fer et les travaux publics ne sont pas des affaires de propriété, c'est-à-dire, des affaires où la constitution, la conservation et le développement de la propriété sont le but direct. Dans les Chemins de fer et les Travaux Publics, l'acquisition des propriétés n'est que le moyen ; le but est de créer une voie de communication. Ce n'est point telle ou telle loi de Travaux Publics qui règle les conditions d'expro priation. La loi décide seulement qu'il y a lieu, pour un cas donné, de faire application d'une loi déjà existante, d'une loi générale de l'État, votée indépendamment de toute affaire spéciale, la loi d'*Expropriation pour cause d'utilité publique*, laquelle loi a fixé d'avance le mode de procéder et la constitution du jury. En d'autres termes, l'expropriation par suite des nécessités d'exécution d'un Chemin de fer, d'un canal, d'un pont, d'une rue, etc., est une *servitude publique* : l'association des propriétaires entre eux et avec leurs ouvriers est un acte volontaire et libre.

Dans notre espèce, il s'agit d'une association volontaire. Or, toute association volontaire est conditionnelle et doit être réglée synallagmatiquement entre les parties. Cette association volontaire se trouvant compliquée d'une question politique, l'émancipation des esclaves, en appelle à l'État, avant de se former, pour obtenir sa haute protection et même la promesse d'un concours financier, en échange de son concours actif pour une réforme que l'État a sans doute le droit et le pouvoir d'imposer à ses sujets, mais qui ne peut se faire avec un complet succès qu'à l'amiable et avec le concours de tous.

Il en serait tout différemment, il est vrai, si l'État considérait l'émancipation comme un cas d'expropriation pour cause d'utilité publique, et qu'il voulut y procéder juridiquement et d'autorité. Mais ce n'est pas ainsi que l'État lui-même a posé la question.

Par tous ces motifs, Monsieur le Ministre, nous croyons devoir persister dans la demande qu'une évaluation préalable et contradictoire des propriétés destinées à former l'apport des colons dans l'association ait lieu à la Guyane, entre les agents désignés à l'avance par le Gouvernement et par les colons, aussitôt qu'il sera reconnu par le gouvernement de la Guyane que l'on peut s'engager avec espoir de succès dans les opérations préliminaires de la formation d'une *Compagnie des Colons de la Guyane française*.

Dans le cas où la bienveillance du Gouvernement nous permettrait d'aller chercher le succès de notre initiative dans les seules voies où nous puissions y ajouter foi, il serait facile, ce nous semble, d'arranger les choses de manière à concilier les exigences diverses.

Il appartient au Gouvernement seul de décider si les Commissaires qu'il aurait à nommer pour l'évaluation doivent être choisis en France ou à la Guyane.

Quant aux soussignés, ils devraient arriver dans la colonie munis d'une lettre de Votre Excellence, informant M. le Gouverneur des intentions protectrices du Gouvernement au sujet de nos Propositions, et lui donnant pour instructions de les soumettre à l'examen du Conseil Colonial. Cette assemblée, n'ayant pas les pouvoirs suffisants pour les adopter au nom de la colonie, n'aura à émettre qu'un avis ; mais cet avis (favorable, nous n'en doutons pas) serait d'une très-grande importance.

En même temps que la Représentation légale de la colonie aurait à se prononcer sur nos Propositions, nous ferions appel aux convictions et aux intérêts bien entendus de nos compatriotes, en provoquant leur adhésion individuelle.

Aussitôt qu'il nous serait possible de présenter au Gouverneur, comme s'associant à nous, plus de la moitié des propriétaires de la Guyane en nombre de personnes et en chiffre de propriétés, l'Autorité administrative constituerait le jury et réglerait le mode d'évaluation.

Ce jury serait composé de trois Commissaires du Gouvernement, de trois personnes nommées par les propriétaires, et de trois personnes nommées par la Cour royale de Cayenne.

Il est entendu que ce mode d'évaluation sera fixé comme il a été dit plus haut, savoir : *quant au capital*, la moyenne du prix d'après les transactions authentiques depuis dix ans ; *quant au revenu*, la moyenne du prix des récoltes depuis dix ans.

Pièce nᵒ 6.

Les propriétaires, associés conditionnellement, auraient également à constituer, soit directement, soit en déléguant à cet effet un pouvoir spécial au Conseil Colonial, les mandataires qui devront se rendre en France pour suivre, près du Gouvernement du Roi, la formation définitive de la *Compagnie des Colons de la Guyane française.*

Nous osons de rechef nous porter garants, au nom de nos compatriotes, du succès d'une opération ainsi conduite.

Des lettres de date récente, reçues de la Guyane, après communication de nos premières Propositions, sont venues nous confirmer dans cet espoir.

Il va de soi-même qu'au moment de la mise à exécution de la loi, il y aurait un recollement de l'inventaire d'évaluation qui serait fait au préalable. Il serait tenu compte, dans ce recollement, des esclaves décédés, des objets détruits, des enfants nés depuis l'évaluation, des objets achetés, des constructions nouvelles, etc., etc.

Les bases d'évaluation étant établies et fixées pour l'inventaire de premier accord, ce recollement n'est plus qu'un détail sans importance.

Les soussignés espèrent que Votre Excellence n'attribuera leur insistance qu'au désir de mener à bien la grande entreprise qui leur a valu la bienveillance du Gouvernement. Ils ont pris une grave et sérieuse responsabilité; ils veulent réussir. Ils ne le peuvent qu'à condition que leurs efforts et leurs engagements ne soient pas isolés.

Les soussignés ont l'honneur d'être, etc.

Signé :

Adolphe de Saint-Quantin, Jules Lechevalier, Henry Sauvage.

Paris, le 2 avril 1844.

Opérations préliminaires.

Le soussigné, s'associant aux motifs exprimés dans la présente note pour faire décider la nomination d'un jury d'estimation afin de procéder à l'évaluation des propriétés qui devront former le capital social de la Compagnie qu'il s'agit d'organiser, en certifie toute l'exactitude. En conséquence, il les recommande à la sérieuse attention de Son Excellence le Ministre.

Signé : M. FAVARD,

Délégué de la Guyane française.

www.ingramcontent.com/pod-product-compliance
Lightning Source LLC
LaVergne TN
LVHW021459060726
842527LV00006B/2335